Für: ....

Von: ....

Ganz viel Liebe für dich

GROH

Ich schenk dir
ganz viel Liebe!
Du bist mein Schatz,
mein Augenstern.

Ich bin so froh, dass wir
uns begegnet sind.

Ich hab dich lieb, nicht nur

heute, sondern an jedem Tag.

Wie es wohl wäre,

wenn wir uns

**nicht
getroffen**

hätten?

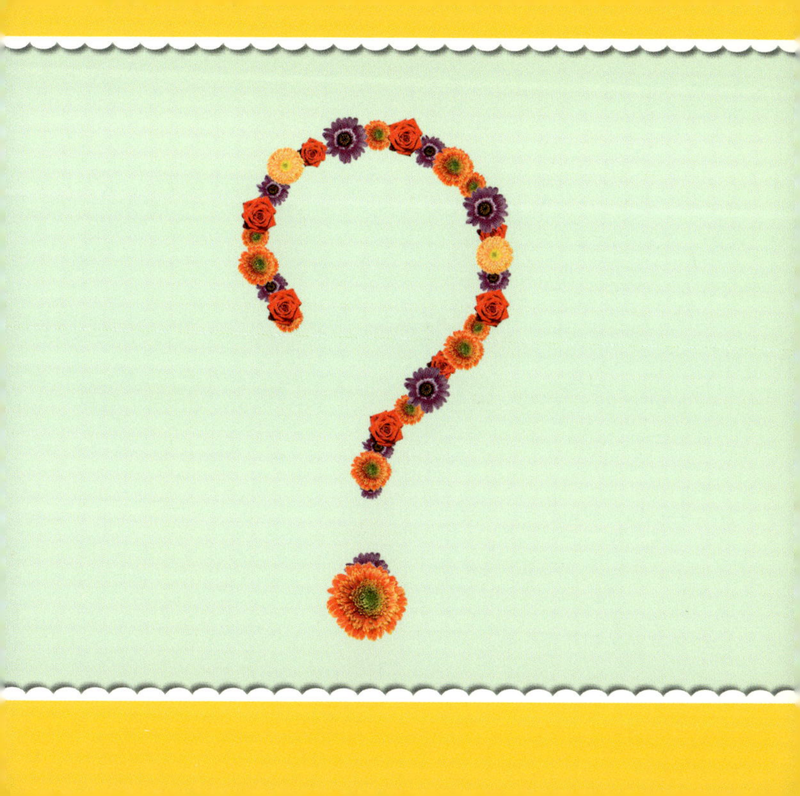

Ich würde am Samstag
  nur ein Croissant kaufen ...

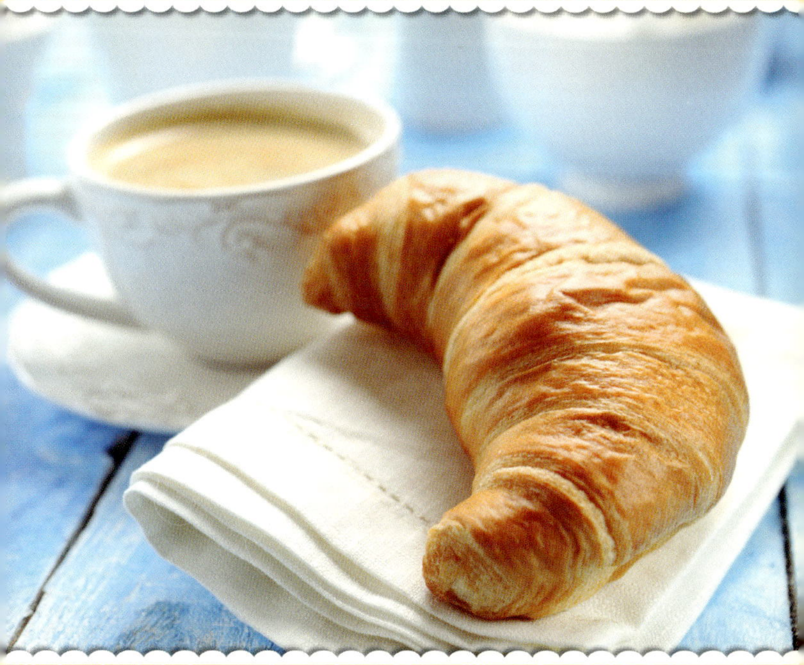

... mir irgendwelche *Hobbys* überlegen, um die Zeit totzuschlagen ...

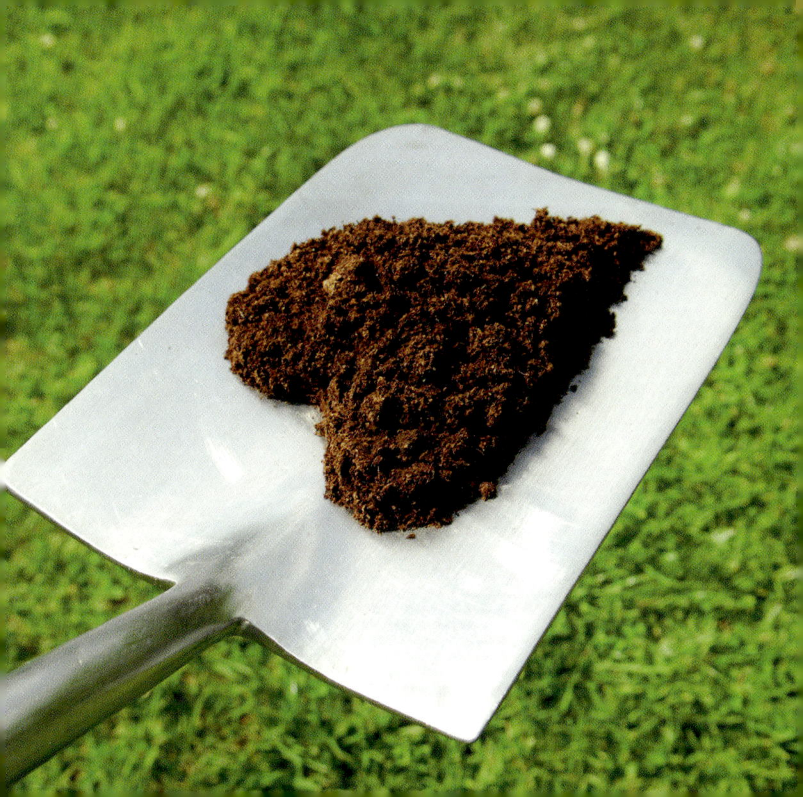

... und höchstwahrscheinlich öfters meinen **inneren Schweinehund** überwinden und ...

... ganz viel Sport treiben.

Ich würde mich mit *Freunden* verabreden, wann immer es geht und am Wochenende in *Freizeitstress* verfallen.

Samstag 20:00 Sven und Moni

Freitag 18:00 Kino

Sonntag Brunch Stefanie?

Wie gut, dass wir
uns begegnet sind!
Denn mit dir zusammen
ist das Leben mehr als
doppelt so schön.

Du bist das fehlende Puzzleteil zu meinem Lebensglück!

Warum ich dich so *lieb* habe?

Dafür gibt es mehr Gründe,

als Sterne am Himmel stehen!

Du hast dein Herz am rechten Fleck und du magst meine kleinen Macken.

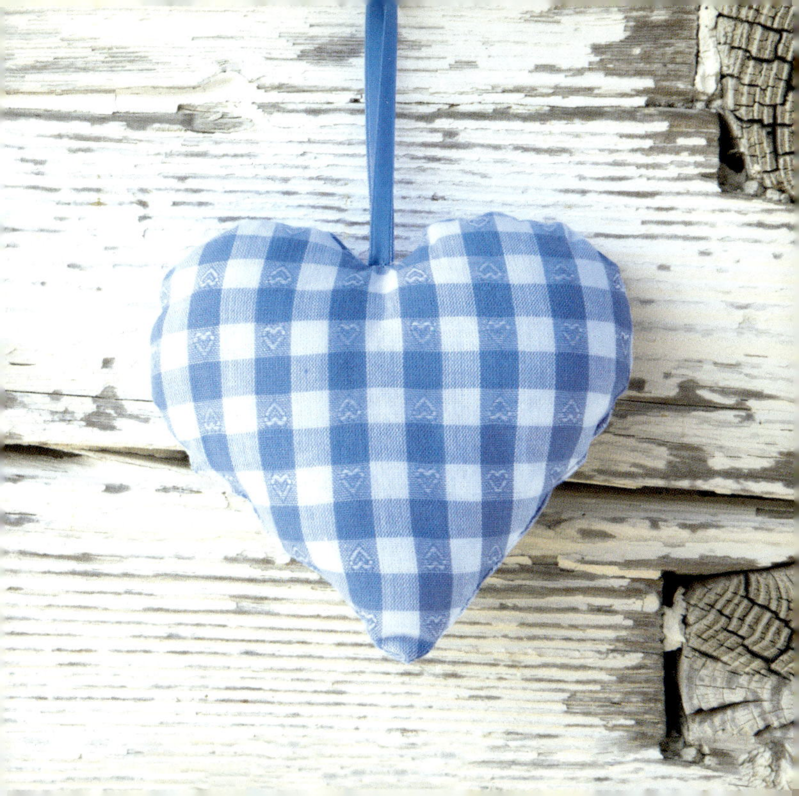

Mit dir wird jede
kleine Albernheit
zu einem Riesenspaß.

Zusammen können
wir über alles lachen.

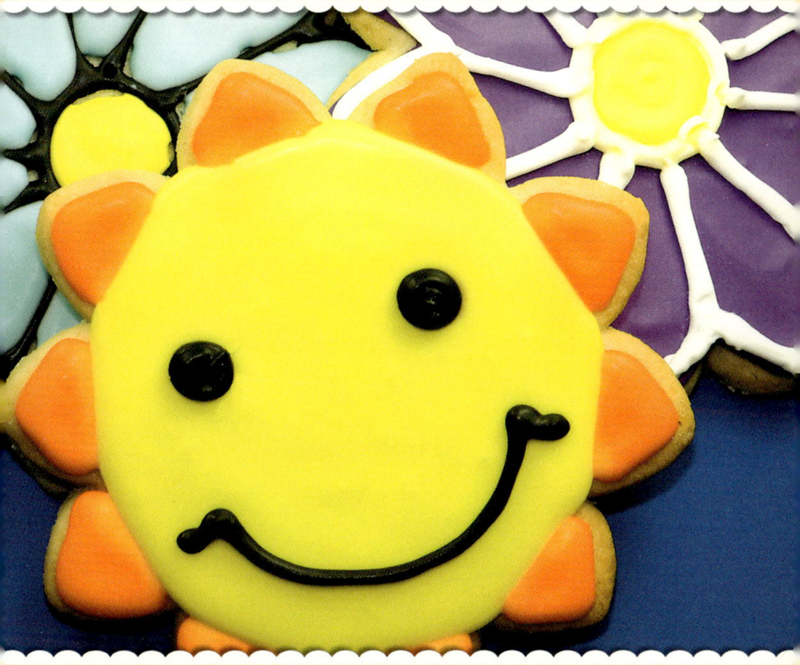

Du bist das beste
Trostpflaster,
wenn es mir mal
nicht so gut geht.

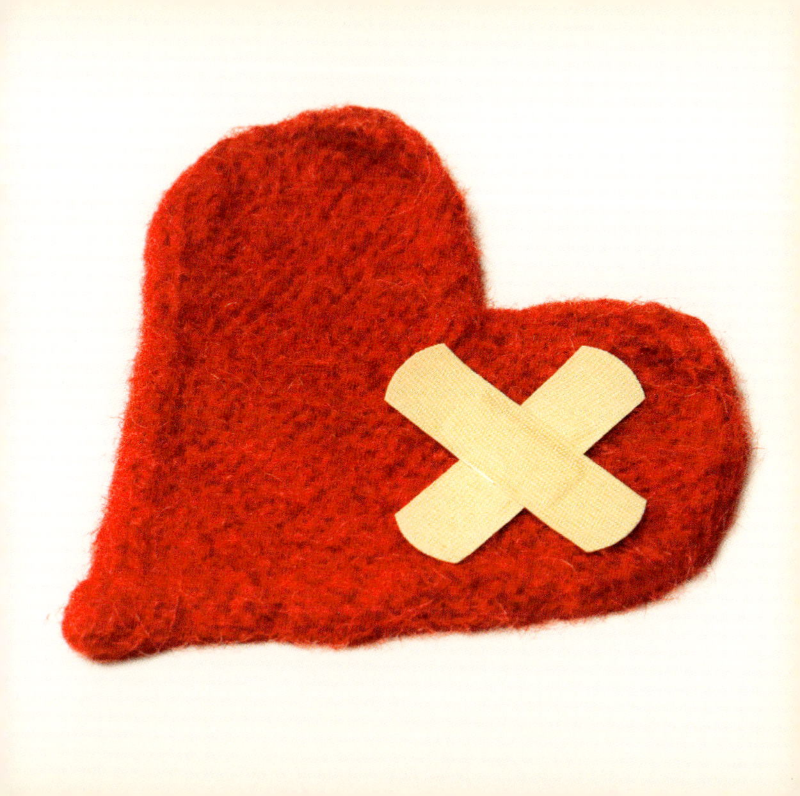

Du hast so viele Facetten!
Mit dir ist es einfach wunderbar.
Was mir besonders an dir gefällt:

Mit dir zusammen
kann ich ...

... richtig romantisch sein – und du mit mir.

Wenn ich mich wie eine
ausgepresste Zitrone fühle
und eine
Vitaminspritze
brauche, bist du ...

mein ganz persönlicher

Muntermacher.

Mit dir kann ich *über alles* reden ...

... du verstehst mich aber auch ohne große Worte.

Mit dir ist immer
schönes Wetter!

Du hast Sonne im Herzen –
auch wenn's draußen
regnet und stürmt.

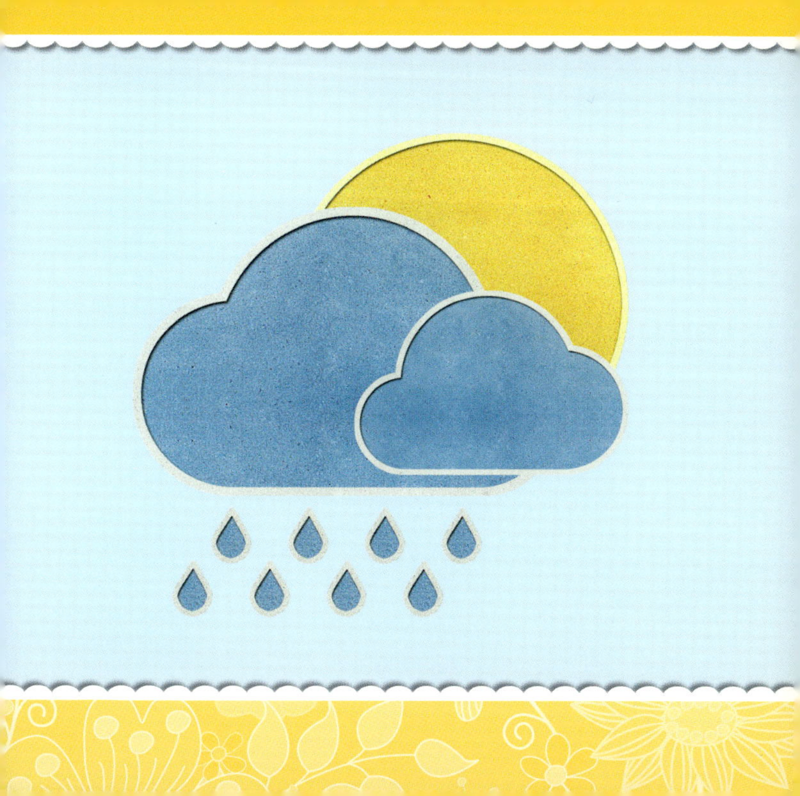

Ich weiß, dass ich mich immer auf dich *verlassen* kann.

Das gibt mir ein rundum gutes Gefühl!

Zusammen können wir ...

... uns gegenseitig das *Frühstück* ans Bett bringen, ...

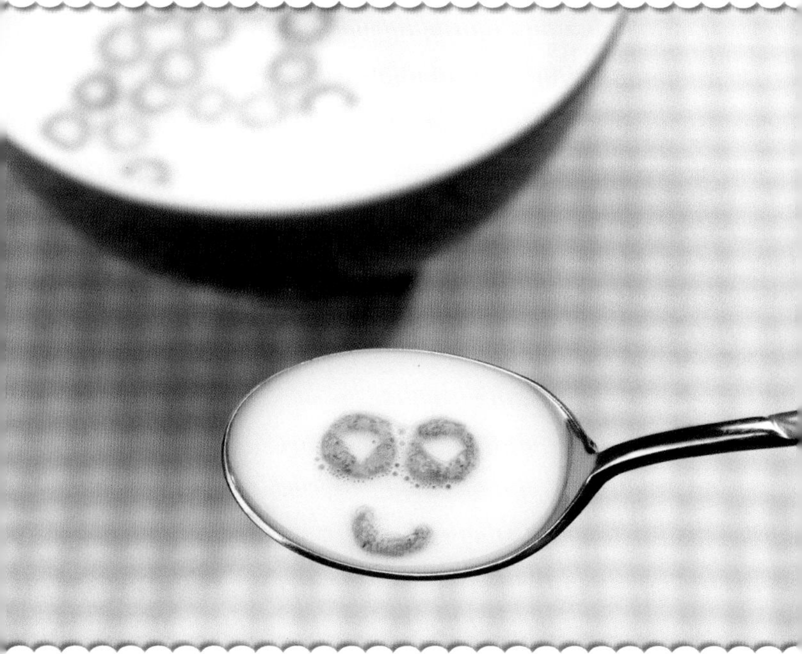

... die ganze Welt erobern

der uns zu Hause einkuscheln, ...

... und unsere freie Zeit

voll und ganz **genießen**

Ich weiß, dass ich bei dir

ganz ich selbst

sein kann –

und dass du
mich so *magst*, wie ich bin.

Wir beide zusammen sind *unschlagbar* stark, denn …

… Herz ist *Trumpf!*

Ein Herz und eine Seele

Mit dir habe ich einen echten *Volltreffer* gelandet!

Mitten ins Herz ...

Du schenkst mir so viel
Liebe, jeden Tag.

Du bist und bleibst das Beste,
was mir je
passiert ist!

Ganz viel *Liebe* – von mir für dich!

Kleine Wunschüberbringer

In dieser Reihe sind außerdem erschienen:

GANZ VIEL GLÜCK FÜR DICH
ISBN 978-3-86713-854-3

GANZ VIEL GUTE LAUNE FÜR DICH
ISBN 978-3-86713-857-4

FÜR EINE TOLLE FREUNDIN WIE DICH
ISBN 978-3-86713-856-7

Immer eine gute Geschenkidee: www.groh.de

Bildnachweis:
Titel, Rückseite und Ornamente Innenteil: iStockphoto/pworld; S. 5, 9, 15, 16/17, 21, 31, 37, 38/39: iStockphoto/Thinkstock; S. 7: iStockphoto/Cagri Özgür; S. 11: Thomas Northcut/Photodisc/Thinkstock; S. 13: Hemera/Thinkstock; S. 19: Jeanette Dietl/fotolia; S. 23: Creatas Images/Thinkstock S.25: Anna Kucherova/fotolia; S. 27: unpict/fotolia; S. 33: Stockbyte/Thinkstock; S. 35: Ocean/Corbis; S. 41: Renaters/fotolia; S. 43: roxcon/fotolia; S. 45: Malena und Philipp K/fotolia; S. 46/47: Jupiterimages/Thinkstock.

Idee und Konzept:
Groh Verlag. Das Werk einschließlich seiner Teile ist urheberrechtlich geschützt. Jede Verwertung außerhalb der engen Grenzen des Urheberrechtsgesetzes ist ohne Zustimmung des Verlages unzulässig und strafbar. Das gilt insbesondere für Kopien, Einspeicherung und Verarbeitung in elektronischen Systemen.

MIX
Papier aus verantwortungsvollen Quellen
FSC® C023419
www.fsc.org

ISBN 978-3-86713-855-0
© Groh Verlag GmbH, 2012

127014-4253-01

Ein Lächeln schenken

Geschenke sollen ein Lächeln auf Gesichter zaubern und die Welt für einen Moment zum Stehen bringen. Für diesen Augenblick entwickeln wir mit viel Liebe immer neue GROH-Geschenke, die berühren.

In ihrer großen Themenvielfalt und der besonderen Verbindung von Sprache und Bild bewahren sie etwas sehr Persönliches.

Den Menschen Freude zu bereiten und ein Lächeln zu schenken, das ist unser Ziel seit 1928.

Ihr

Joachim Groh

GROH